Elizabeth Barrett (1806-1891) ist fast vierzig Jahre alt, als sie den Dichter Robert Browning kennenlernt. Bis dahin führte sie krankheitsbedingt ein zurückgezogenes Leben, das ihrem verwitweten Vater und ihrer Dichtung gewidmet ist. Aus dem anfänglich zaghaften Briefkontakt, der der gegenseitigen Bewunderung Ausdruck verleiht, entwickelt sich eine tiefe Zuneigung. Doch erst eine heimliche Heirat und die Flucht nach Italien ermöglicht es dem viktorianischen Dichterpaar, seine Liebe zu leben.

Aus dieser Liebe entstanden die berühmtesten Gedichte Elizabeth Barrett-Brownings, die von Rainer Maria Rilke ins Deutsche übertragen wurden. Die in diesem Band versammelten Liebesgedichte zeugen von den ersten Zweifeln, die Liebe könne nicht erwidert werden: »›Rate, wer wohl hält dich so?‹ – ›Der Tod gewiß.‹ / – ›Die Liebe‹ – klang es wider, sanft und nah.‹«, bis hin zur Gewißheit, endlich angekommen zu sein: »Ich trug ein schweres Herz von Jahr zu Jahr, / bis ich dein Antlitz sah, Geliebter.«

Die Sehnsucht und das Glück, einen Seelenverwandten gefunden zu haben, hat in den Liebesgedichten seinen schönsten Ausdruck gefunden.

insel taschenbuch 3187
Elizabeth Barrett-Browning
Liebesgedichte

Elizabeth Barrett-Browning
Liebesgedichte

Englisch und deutsch
Übertragen von Rainer Maria Rilke
Mit einem Nachwort von
Felicitas von Lovenberg
Insel Verlag

insel taschenbuch 3187
Erste Auflage 2006
© Insel Verlag Frankfurt am Main und Leipzig 2006
Alle Rechte vorbehalten, insbesondere das des
öffentlichen Vortrags sowie der Übertragung
durch Rundfunk und Fernsehen, auch einzelner Teile.
Kein Teil des Werkes darf in irgendeiner Form
(durch Fotografie, Mikrofilm oder andere Verfahren)
ohne schriftliche Genehmigung des Verlages reproduziert
oder unter Verwendung elektronischer Systeme
verarbeitet, vervielfältigt oder verbreitet werden.
Hinweise zu dieser Ausgabe am Schluß des Bandes
Vertrieb durch den Suhrkamp Taschenbuch Verlag
Umschlag: Michael Hagemann
Satz: Hümmer GmbH, Waldbüttelbrunn
Druck: Nomos Verlagsgesellschaft, Baden-Baden
Printed in Germany
ISBN 3-458-34887-5

1 2 3 4 5 6 – 11 10 09 08 07 06

Liebesgedichte

I

I thought once how Theocritus had sung
Of the sweet years, the dear and wished-for years,
Who each one in a gracious hand appears
To bear a gift for mortals, old or young:

And, as I mused it in his antique tongue,
I saw, in gradual vision through my tears,
The sweet, sad years, the melancholy years,
Those of my own life, who by turns had flung

A shadow across me. Straightway I was 'ware,
So weeping, how a mystic Shape did move
Behind me, and drew me backward by the hair;

And a voice said in mastery, while I strove, –
»Guess now who holds thee?« – »Death«, I said.
                                        But, there,
The silver answer rang, – »Not Death, but Love.«

I

Und es geschah mir einst, an Theokrit
zu denken, der von jenen süßen Jahren
gesungen hat und wie sie gütig waren
und gebend und geneigt bei jedem Schritt:

und wie ich saß, antikischem Gedicht
nachsinnend, sah ich durch mein Weinen leise
die süßen Jahre, wie sie sich im Kreise
aufstellten, traurig, diese von Verzicht

lichtlosen Jahre: meine Jahre. Da
stand plötzlich jemand hinter mir und riß
aus diesem Weinen mich an meinem Haar.

Und eine Stimme rief, die furchtbar war:
›Rate, wer hält dich so?‹ – ›Der Tod gewiß.‹
– ›Die Liebe‹ – klang es wider, sanft und nah.

II

But only three in all God's universe
Have heard this word thou hast said, – Himself, beside
Thee speaking, and me listening! and replied
One of us ... *that* was God, ... and laid the curse

So darkly on my eyelids, as to amerce
My sight from seeing thee, – that if I had died,
The death-weights, placed there, would have signified
Less absolute exclusion. »Nay« is worse

From God than from all others, O my friend!
Men could not part us with their worldly jars,
Nor the seas change us, nor the tempests bend;

Our hands would touch for all the mountain-bars:
And, heaven being rolled between us at the end,
We should but vow the faster for the stars.

Nur Drei jedoch in Gottes ganzem All
vernahmen es: Er selbst und du, der sprach,
und ich, die hörte. Und in diesem Fall
war Er's, der Antwort gab ... um Ungemach

auf meinen Augenlidern aufzuschichten
so viel, daß nicht mit größeren Gewichten
der Tod sie hindern könnte, sich zu dir
noch einmal aufzuschlagen. Dieses hier,

dies Nein von Gott, mein Freund, ist schwerer als
andere Nein. Wir dürften allenfalls
stehn, gegen Menschen, Meer und Sturm uns sträubend,

und durch Gebirge hin uns halten lernen;
und stürzten Himmel hier herein betaubend:
wir hielten uns noch fester zwischen Sternen.

III

Unlike are we, unlike, O princely Heart!
Unlike our uses and our destinies.
Our ministering two angels look surprise
On one another, as they strike athwart

Their wings in passing. Thou, bethink thee, art
A guest for queens to social pageantries,
With gages from a hundred brighter eyes
Than tears even can make mine, to play thy part

Of chief musician. What hast *thou* to do
With looking from the lattice-lights at me,
A poor, tired, wandering singer, singing through

The dark, and leaning up a cypress tree?
the chrism is on thine head, – on mine, the dew, –
And Death must dig the level where these agree.

III

Ungleiche sind wir, hohes Herz. Man kann
uns nicht zu Gleichem brauchen oder führen.
Wenn unsre Engel sich im Raum berühren,
so schauen sie einander staunend an.

Du bist, vergiß es nicht, geborner Gast
von Königinnen, welche dich verwöhnen;
meine vom Weinen schönen Augen, hast
du sie verglichen mit den wunderschönen,

die nach dir rufen? Glänzender, was trittst
du fort vom Feste; und dein Auge schaut
nach einem Spielmann aus, der unten neben

Zypressen müd, im Dunkel singend, sitzt?
Dein Haupt ist eingesalbt, meins ist betaut, –
und nur der Tod gräbt solches um und eben.

IV

Thou hast thy calling to some palace-floor,
Most gracious singer of high poems! where
The dancers will break footing, from the care
Of watching up thy pregnant lips for more.

And dost thou lift this house's latch too poor
For hand of thine? and canst thou think and bear
To let thy music drop here unaware
In folds of golden fulness at my door?

Look up and see the casement broken in,
The bats and owlets builders in the roof!
My cricket chirps against thy mandolin.

Hush, call no echo up in further proof
Of desolation! there's a voice within
That weeps ... as thou must sing ... alone, aloof.

IV

Du bist da droben im Palast begehrt,
erlauchter Sänger lauterer Gedichte,
wo Tänzer stillstehn, deinem Angesichte
und deinem Munde durstend zugekehrt.

Und es gefällt dir, dieser dürftigen Tür
Griff anzurühren? Ist es auszuhalten,
daß deiner Fülle Klang in goldnen Falten
vor eine Türe fällt, zu arm dafür?

Sieh die zerbrochnen Fenster, Fledermaus
und Eule baun im Dach. Und meine Grille
zirpt gegen deine Mandoline. Stille.

Das Echo macht noch trauriger das Haus,
drin eine Stimme weint, so wie die deine
da draußen singen muß . . . allein, alleine.

V

I lift my heavy heart up solemnly,
As once Electra her sepulchral urn,
And, looking in thine eyes, I overturn
The ashes at thy feet. Behold and see

What a great heap of grief lay hid in me,
And how the red wild sparkles dimly burn
Through the ashen greyness. If thy foot in scorn
Could tread them out to darkness utterly,

It might be well perhaps. But if instead
Thou wait beside me for the wind to blow
The grey dust up, . . . those laurels on thine head,

O my Beloved, will not shield thee so,
That none of all the fires shall scorch and shred
The hair beneath. Stand further off then! go.

V

Ich heb mein schweres Herz so feierlich,
wie einst Elektra ihre Urne trug,
und, dir ins Auge schauend, hin vor dich
stürz ich die Asche aus dem Aschekrug.

Das da war Schmerz in mir: der Haufen: schau,
wie düster drin die Funken glühn, vom Grau
verhalten. Und du tätest, glaub ich, gut,
verächtlich auszutreten ihre Glut,

bis alles dunkel ist. Denn wenn du so
an meiner Seite wartest, bis den Staub
ein Wind aufwehte, ... dieses Lorbeerlaub

auf deinem Haupt, Geliebter, schützt nicht, wo
es Feuer regnet, deine Haare. Eh
sie dir versengen: tritt zurück. Nein: geh.

VI

Go from me. Yet I feel that I shall stand
Henceforward in thy shadow. Nevermore
Alone upon the threshold of my door
Of individual life, I shall command

The uses of my soul, nor lift my hand
Serenely in the sunshine as before,
Without the sense of that which I forbore –
Thy touch upon the palm. The widest land

Doom takes to part us, leaves thy heart in mine
With pulses that beat double. What I do
And what I dream include thee, as the wine

Must taste of its own grapes. And when I sue
God for myself, He hears that name of thine,
And sees within my eyes the tears of two.

VI

Geh fort von mir. So werd ich fürderhin
in deinem Schatten stehn. Und niemals mehr
die Schwelle alles dessen, was ich bin,
allein betreten. Niemals wie vorher

verfügen meine Seele. Und die Hand
nicht so wie früher in Gelassenheit
aufheben in das Licht der Sonne, seit
die deine drinnen fehlt. Mag Land um Land

anwachsen zwischen uns, so muß doch dein
Herz in dem meinen bleiben, doppelt schlagend.
Und was ich tu und träume, schließt dich ein:

so sind die Trauben überall im Wein.
Und ruf ich Gott zu mir: Er kommt zu zwein
und sieht mein Auge zweier Tränen tragend.

The face of all the world is changed, I think,
Since first I heard the footsteps of thy soul
Move still, oh, still, beside me, as they stole
Betwixt me and the dreadful outer brink

Of obvious death, where I, who thought to sink,
Was caught up into love, and taught the whole
Of life in a new rhythm. The cup of dole
God gave for baptism, I am fain to drink,

And praise its sweetness, Sweet, with thee anear.
The names of country, heaven, are changed away
For where thou art or shalt be, there or here;

And this ... lute and song ... loved yesterday,
(The singing angels know) are only dear
Because thy name moves right in what they say.

VII

Mir scheint, das Angesicht der Welt verging
in einem andern. Deiner Seele Schritt
war leise neben mir, o leis, und glitt
leis zwischen mich und das, was niederhing

in meinen Tod. Auf einmal fing
– da ich schon sinkend war – mich Liebe auf,
und ein ganz neuer Rhythmus stieg hinauf
mit mir ins Leben. Den ich einst empfing,

den Taufkelch voller Leid, ich trink ihn gern
und preis ihn, Süßer, süß, bist du nur nah.
Die Namen: Heimat, Himmel schwanden fern,

nur wo du bist, entsteht ein Ort. Und da:
dies Saitenspiel (die Engel wissen wie
geliebt) hat nur in dir noch Melodie.

VIII

What can I give thee back, O liberal
And princely giver, who hast brought the gold
And purple of thine heart, unstained, untold,
And laid them on the outside of the wall

For such as I to take or leave withal,
In unexpected largesse? am I cold,
Ungrateful, that for these most manifold
High gifts, I render nothing back at all?

Not so; not cold, – but very poor instead.
Ask God who knows. For frequent tears have run
The colours from my life, and left so dead

And pale a stuff, it were not fitly done
To give the same as pillow to thy head.
Go farther! let it serve to trample on.

VIII

Was kann ich dir denn wiedergeben, du
freigebiger, fürstlicher Geber, der
aus seinem Innern Gold und Purpur, mehr
als Großmut jemals gab, mir immerzu

draußen vor seinem Herzen hinlegt? Mir:
von der es plötzlich abhängt, sie zu haben.
Und ist es Undank, ist es Kälte, dir
nichts hinzugeben für so hohe Gaben?

Bin ich nicht kalt, so bin ich arm dafür.
Gott weiß wie sehr. Mein Leben ist im steten
Regen der Tränen nicht wie neu geblieben:

die Farbe schwand. Es ist nicht nach Gebühr,
dir so Verblichnes unters Haupt zu schieben;
geh weiter. Es ist gut, um drauf zu treten.

IX

Can it be right to give what I can give?
To let thee sit beneath the fall of tears
As salt as mine, and hear the sighing years
Re-sighing on my lips renunciative

Through those infrequent smiles which fail to live
For all thy adjurations? O my fears,
That this can scarce be right! We are not peers,
So to be lovers; and I own, and grieve,

That givers of such gifts as mine are, must
Be counted with the ungenerous. Out, alas!
I will not soil thy purple with my dust,

Nor breathe my poison on thy Venice-glass,
Nor give thee any love – which were unjust.
Beloved, I only love thee! let it pass.

IX

Hab ich ein Recht, zu geben, was ich kann?
Darf ich in dieser Tränen Niederschlage
dich bleiben heißen. Die durchseufzten Tage
heben auf meinem Munde wieder an

zwischen dem Lächeln, das, wie dus beschwörst,
doch nicht zu leben wagt. O ich bin bang,
daß das nicht recht sein kann. Wir sind im Rang
nicht gleich genug für Liebende. Du hörst:

wer andres nicht zu geben hat, der muß
nicht Geber werden. Ein für allemal.
Dein Purpur bleibe rein von meinem Ruß

und unbeschlagen klar dein Glaspokal.
Nichts geben will ich; unrecht wäre das.
Nur lieben vor mich hin, Geliebter. Laß –.

X

Yet, love, mere love, is beautiful indeed
And worthy of acceptation. Fire is bright,
Let temple burn, or flax; an equal light
Leaps in the flame from cedar-plank or weed:

And love is fire. And when I say at need
I love thee ... mark! ... *I love thee* – in thy sight
I stand transfigured, glorified aright,
With conscience of the new rays that proceed

Out of my face toward thine. There's nothing low
In love, when love the lowest: meanest creatures
Who love God, God accepts while loving so.

And what I *feel*, across the inferior features
Of what I *am*, doth flash itself, and show
How that great work of Love enhances Nature's.

X

Doch Liebe, einfach Liebe, ist sie nicht
schön und des Nehmens wert? Es strahlt die Flamme,
ob Tempel brennen oder Werg. Es bricht
Licht aus dem Abfall und dem Zedernstamme.

Liebe ist Feuer. Und: Ich liebe dich –
– gib acht –: ich liebe dich – wenn ich das sage,
steh ich verwandelt nicht mit einem Schlage
verklärt vor dir? Ich fühle selbst, wie ich

anscheine dein Gesicht. Wo Liebe je
sich niedrig macht, kann sie nicht niedrig werden:
Gott nimmt Geringe an, die sich gebärden

so wie sie sind. Das, was ich fühle, blendet
über dem Dunkeln, das ich bin: ich seh,
wie Liebe wirkend die Natur vollendet.

XI

And therefore if to love can be desert,
I am not all unworthy. Cheeks as pale
As these you see, and trembling knees that fail
To bear the burden of a heavy heart, –

This weary minstrel-life that once was girt
To climb Aornus, and can scarce avail
To pipe now 'gainst the valley nightingale
A melancholy music, – why advert

To these things? O Beloved, it is plain
I am not of thy worth nor for thy place!
And yet, because I love thee, I obtain

From that same love this vindicating grace,
To live on still in love, and yet in vain, –
To bless thee, yet renounce thee to thy face.

XI

Darum wenns möglich ist, daß man verdient
zu lieben, bin ich nicht ganz unwert. Schient
ihr nicht vor Blässe, blasse Wangen? Knie,
versagtet ihr nicht schon, kaum wissend, wie

dies schwere Herz hier tragen? Dieses Leben,
das für sein Singen Gipfel träumte, wo
kein Vogel singt, genügt nun eben eben,
um eine Nachtigall im Tale so

traurig zu übertönen. Doch wozu
daran erinnern? Das ist klar, daß du
unendlich mehr bist. Weil ich liebe, gibt

mir diese Liebe recht, sie weitertragend
zu lieben, wie ich dich bisher geliebt –:
dich segnend, dir ins Angesicht entsagend.

XII

Indeed this very love which is my boast,
And which, when rising up from breast to brow,
Doth crown me with a ruby large enow
To draw men's eyes and prove the inner cost, –

This love even, all my worth, to thee uttermost,
I should not love withal, unless that thou
Hadst set me an example, shown me how,
When first thine earnest eyes with mine were crossed,

And love called love. And thus, I cannot speak
Of love even, as a good thing of my own:
Thy soul hath snatched up mine all faint and weak,

And placed it by thee on a golden throne, –
And that I love (O soul, we must be meek!)
Is by thee only, whom I love alone.

XII

Doch die mein Stolz ist, diese Liebe, die
aufsteigend aus der Brust zu meinen Brauen,
die Menschen nötigt, nach mir her zu schauen
wie ein Rubin, dem man es ansieht, wie

kostbar er ist, – mein Köstlichstes: auch sie
hätt ich nicht lieben können, wäre nicht
dein Beispiel vor mir: hätte dein Gesicht
sich mir nicht zugekehrt, ernst wie noch nie

Liebe begehrend. So daß ich die meine
nicht nennen darf wie mir entstammt und mein.
Denn deine Seele hob mich auf als eine

Hinschwindende zu deinem Thron. Und daß
ich liebe, den ich liebe (Seele laß
uns Demut lernen), kommt von dir allein.

XIII

And wilt thou have me fashion into speech
The love I bear thee, finding words enough,
And hold the torch out, while the winds are rough,
Between our faces, to cast light on each? –

I drop it at thy feet. I cannot teach
My hand to hold my spirit so far off
From myself – me – that I should bring thee proof
In words, of love hid in me out of reach.

Nay, let the silence of my womanhood
Commend my woman-love to thy belief, –
Seeing that I stand unwon, however wooed,

And rend the garment of my life, in brief,
By a most dauntless, voiceless fortitude,
Lest one touch of this heart convey its grief.

XIII

Und willst du, daß die Liebe, diese, meine,
sich eine Sprache schaffe, reich genug,
und daß ich zwischen dir und mir im Zug
die Fackel halte, daß sie uns bescheine? –

Sie fällt, sie fällt. Ich kann nicht meine Hand
zwingen, mein Fühlen von mir fort zu halten;
wie soll ich zu Beweisen umgestalten
die Liebe in mir, die sich mir entwand?

Nein, trau dem Schweigen meines Frauenlebens
die Frauenliebe zu, die es dir weiht.
Sieh, wie ich dasteh, alles warb vergebens,

und wie dies Stummsein meines Daseins Kleid
furchtlos zerreißt, daß nicht in einer Schwäche
mein Herz von seinem Schmerz noch anders spreche.

XIV

If thou must love me, let it be for nought
Except for love's sake only. Do not say
»I love her for her smile – her look – her way
Of speaking gently, – for a trick of thought

That falls in well with mine, and certes brought
A sense of pleasant ease on such a day« –
For these things in themselves, Beloved, may
Be changed, or change for thee, – and love, so wrought,

May be unwrought so. Neither love me for
Thine own dear pity's wiping my cheeks dry, –
A creature might forget to weep, who bore

Thy comfort long, and lose thy love thereby!
But love me for love's sake, that evermore
Thou may'st love on, through love's eternity.

XIV

Wenn du mich lieben mußt, so soll es nur
der Liebe wegen sein. Sag nicht im stillen:
›Ich liebe sie um ihres Lächelns willen,
für ihren Blick, ihr Mildsein, für die Spur,

die ihres Denkens leichter Griff in mir
zurückläßt, solche Tage zu umrändern.‹
Denn diese Dinge wechseln leicht in dir,
Geliebter, wenn sie nicht sich selbst verändern.

Wer also näht, der weiß auch, wie man trennt.
Leg auch dein Mitleid nicht zu Grund, womit
du meine Wangen trocknest; wer den Schritt

aus deinem Trost heraus nicht tut, verkennt
die Tränen schließlich und verliert mit ihnen
der Liebe Ewigkeit: ihr sollst du dienen.

XV

Accuse me not, beseech thee, that I wear
Too calm and sad a face in front of thine;
For we two look two ways, and cannot shine
With the same sunlight on our brow and hair.

On me thou lookest with no doubting care,
As on a bee shut in a crystalline;
Since sorrow hath shut me safe in love's divine,
And to spread wing and fly in the outer air

Were most impossible failure, if I strove
To fail so. But I look on thee – on thee –
Beholding, besides love, the end of love,

Hearing oblivion beyond memory;
As one who sits and gazes from above,
Over the rivers to the bitter sea.

XV

Klag mich nicht dessen an, daß ich dem deinen
mein Antlitz traurig still entgegentrage.
Wir sehen so verschieden in die Tage,
daß Haar und Stirne nicht bei beiden scheinen.

Du kannst um mich so ruhig sein wie um
die Biene, die in ein Kristall geriet,
seit deine Liebe meinen Schmerz ringsum
umschlossen hat mit Herrlichkeit. Mich zieht

nach draußen nichts, und wenn mich etwas riefe,
so wär es Wahnsinn. Doch, in dich verloren,
seh ich die Liebe und der Liebe Ende.

Und das Vergessen rauscht in meinen Ohren.
So sieht, wer hoch sitzt, aller Ströme Wende
und Ausgang in des Meeres bittre Tiefe.

XVI

And yet, because thou overcomest so,
Because thou art more noble and like a king,
Thou canst prevail against my fears and fling
Thy purple round me, till my heart shall grow

Too close against thine heart henceforth to know
How is shook when alone. Why, conquering
May prove as lordly and complete a thing
In lifting upward, as in crushing low!

And as a vanquished soldier yields his sword
To one who lifts him from the bloody earth,
Even so, Beloved, I at last record,

Here ends my strife. If *thou* invite me forth,
I rise above abasement at the word.
Make thy love larger to enlarge my worth.

XVI

Du aber, Überwinder, der du bist,
du kannst dich auch an meine Angst noch wagen
und deinen Purpurmantel um mich schlagen,
so daß mein Herz in deins gedrängt vergißt,

wie es einst bebte, da es einsam schlug.
Warum auch nicht? Ob einer Sieg ertrug,
ob er ihn siegte: jedes kann vollkommen
und adlig sein. Dem, der ihn aufgenommen

vom blutigen Boden, reicht ihm der Soldat
nicht seinen Degen hin, so wie ich jetzt
feststellen will, daß ich mich nicht mehr wehre?

Dein Wort ist mächtig über mich gesetzt.
Was kann ich tun, wenn deine Liebe naht,
als wollen: daß sie wachsend mich vermehre.

XVII

My poet, thou canst touch on all the notes
God set between His After and Before,
And strike up and strike off the general roar
Of the rushing worlds a melody that floats

In a serene air purely. Antidotes
Of medicated music, answering for
Mankind's forlornest uses, thou canst pour
From thence into their ears. God's will devotes

Thine to such ends, and mine to wait on thine.
How, Dearest, wilt thou have me for most use?
A hope, to sing by gladly? or a fine

Sad memory, with thy songs to interfuse?
A shade, in which to sing – of palm or pine?
A grave, on which to rest from singing? Choose.

XVII

Du hast, mein Dichter, alle Macht, zu rühren
an Gottes äußersten und letzten Kreis
und aus des Weltalls breitem Brausen leis
ein Lied zu lösen und es hinzuführen

durch klare Stille. Deine Heilkunst weiß
ein Gegengift zu finden, dessen Kraft
selbst Aufgegebene noch rätselhaft
zu retten scheint. Gott gab dir das Geheiß,

dieses zu tun, so wie er mir befahl
zu tun nach deinem Wort. Was soll ich sein:
Vergangnes oder Kommendes, daß dein

Gesang es grüße oder es beweine?
Ein Schatten, der dich mahnt an Palmenhaine?
Ein Grab, dabei du ruhst? – Du hast die Wahl.

XVIII

I never gave a lock of hair away
To a man, Dearest, except this to thee,
Which now upon my fingers thoughtfully
I ring out to the full brown length and say.

»Take it.« My day of youth went yesterday;
My hair no longer bounds to my foot's glee,
Nor plant I it from rose- or myrtle-tree,
As girls do, any more: it only may

Now shade on two pale cheeks the mark of tears,
Taught drooping from the head that hangs aside
Through sorrow's trick. I thought the funeral-shears

Would take this first, but Love is justified, –
Take it thou, – finding pure, from all those years,
The kiss my mother left here when she died.

XVIII

Nie hab ich einem Mann von meinem Haar
etwas gegeben, außer dir hier dies;
noch einmal halt ich es, und fühle, wies
in seiner braunen Länge meines war,

und sage: ›Nimm.‹ O meiner Jugend Tag
war gestern. Und mein Haar tanzt nicht mehr leicht
auf meines Ganges Wellen. Mädchen reicht
sich Rose noch und Myrte hin und mag

in ihrem Haare blühen; während meins
um ein verweintes Antlitz hängt, um eins,
das in die Hand des Schmerzes leis sich neigte.

Wie nahe war der Totenschere Schnitt
an diesem Haar. Nun wollte ich, ich reichte
dir rein der Mutter letzten Kuß damit.

XIX

The soul's Rialto hath its merchandize;
I barter curl for curl upon that mart,
And from my poet's forehead to my heart
Receive this lock which outweighs argosies, –

As purply black, as erst to Pindar's eyes
The dim purpureal tresses gloomed athwart
The nine white Muse-brows. For this counterpart, . . .
The bay-crown's shade, Beloved, I surmise,

Still lingers on thy curl, it is so black!
Thus, with a fillet of smooth-kissing breath,
I tie the shadows safe from gliding back,

And lay the gift where nothing hindereth;
Here on my heart, as on thy brow, to lack
No natural heat till mine grows cold in death.

XIX

Auch am Rialto meiner Seele kennt
man Tausch und Handel. Und mein Herz wird Speicher
für meines Dichters Locke, die mir reicher
erscheint als Schiffe aus dem Orient.

So purpurn wie sie dunkelt. Pindar sah
so glutverhaltend nächtiges Geflecht
um Musenstirnen. Und mit gleichem Recht,
vermut ich, wich von dieser Locke da

noch nicht der Schatten aus dem Kranz. Man sieht:
sie ist so schwarz. Ich will ein Netz gehauchter
schützender Küsse drüber knüpfen und

aufs Herz sie legen, wo ihr nichts geschieht
und wo sie Wärme hat wie auf erlauchter
Stirne, solang es glüht auf seinem Grund.

XX

Beloved, my Beloved, when I think
That thou wast in the world a year ago,
What time I sat alone here in the snow
And saw no footprint, heard the silence sink

No moment at thy voice, but, link by link,
Went counting all my chains as if that so
They never could fall off at any blow
Struck by thy possible hand, – why, thus I drink

Of life's great cup of wonder! Wonderful,
Never to feel thee thrill the day or night
With personal act or speech, – nor ever cull

Some prescience of thee with the blossoms white
Thou sawest growing! Atheists are as dull,
Who cannot guess God's presence out of sight.

XX

Geliebter, mein Gliebter, wenn ich denk
vor einem Jahr –: Da saß ich noch wie eh,
und deine Fußspur war noch nicht im Schnee,
und rings das Schweigen war noch ungelenk,

von deiner Stimme nicht geschult. Ich ließ
die langen Ketten langsam, Glied nach Glied,
durch meine Finger gehn, nicht wissend dies:
daß du schon möglich warst. Wie mir geschieht,

da ich des Lebens tiefes Staunen trinke.
Und wunderlich, daß Tag und Nacht von dir
nicht schon erzitterten. Was gaben mir

die weißen Blumen, die du sahst, nicht Winke?
So zugeschlossen sind, die Gott verneinen
für seine Gegenwart. Ich wars der deinen.

XXI

Say over again, and yet once over again,
That thou dost love me. Though the word repeated
Should seem »a cuckoo-song«, as thou dost treat it.
Remember, never to the hill or plain,

Valley and wood, without her cuckoo-strain
Comes the fresh Spring in all her green completed.
Beloved, I, amid the darkness greeted
By a doubtful spirit-voice, in that doubt's pain

Cry, »Speak once more – thou lovest!« Who can fear
Too many stars, though each in heaven shall roll,
Too many flowers, though each shall crown the year?

Say thou dost love me, love me, love me – toll
The silver iterance! – only minding, Dear,
To love me also in silence with thy soul.

XXI

Sag immer wieder und noch einmal sag,
daß du mich liebst. Obwohl dies Wort vielleicht,
so wiederholt, dem Lied des Kuckucks gleicht,
wie dus empfandest: über Tal und Hag

und Feld und Abhang, beinah allgemein
und überall, mit jedem Frühling tönend.
Geliebter, da im Dunkel redet höhnend
ein Zweifelgeist mich an; ich möchte schrein:

›Sag wieder, daß du liebst.‹ Wer ist denn bang,
daß zu viel Sterne werden: Ihrem Gang
sind Himmel da. Und wenn sich Blumen mehren,

erweitert sich das Jahr. Laß wiederkehren
den Kehrreim deiner Liebe. Doch entzieh
mir ihre Stille nicht. Bewahrst du sie?

XXII

When our two souls stand up erect and strong,
Face to face, silent, drawing nigh and nigher,
Until the lengthening wings break into fire
At either curved point, – what bitter wrong

Can the earth do to us, that we should not long
Be here contented? Think. In mounting higher,
The angels would press on us and aspire
To drop some golden orb of perfect song

Into our deep, dear silence. Let us stay
Rather on earth, Beloved, – where the unfit
Contrarious moods of men recoil away

And isolate pure spirits, and permit
A place to stand and love in for a day,
With darkness and the death-hour rounding it.

XXII

Wenn schweigend, Angesicht in Angesicht,
sich unsrer Seelen ragende Gestalten
so nahe stehn, daß, nicht mehr zu verhalten,
ihr Feuerschein aus ihren Flügeln bricht:

was tut uns diese Erde dann noch Banges?
Und stiegst du lieber durch die Engel? Kaum; –
sie schütteten uns Sterne des Gesanges
in unsres Schweigens lieben tiefen Raum.

Nein, laß uns besser auf der Erde bleiben,
wo alles Trübe, was die andern treiben,
die Reinen einzeln zueinander hebt.

Da ist gerade Platz zum Stehn und Lieben
für einen Tag, von Dunkelheit umschwebt
und von der Todesstunde rund umschrieben.

XXIII

Is it indeed so? If I lay here dead,
Wouldst thou miss any life in losing mine?
And would the sun for thee more coldly shine
Because of grave-damps falling round my head?

I marvelled, my Beloved, when I read
Thy thought so in the letter. I am thine –
But ... so much to thee? Can I pour thy wine
While my hands tremble? Then my soul, instead

Of dreams of death, resumes life's lower range.
Then, love me, Love! look on me – breathe on me!
As brighter ladies do not count it strange,

For love, to give up acres and degree,
I yield the grave for thy sake, and exchange
My near sweet view of heaven, for earth with thee!

XXIII

So ist es wirklich wahr, daß, stürb ich dir,
du fühltest, wie das Leben dann um meins
weniger würde. Dieses Sonnenscheins
Gefühl, es trübte sich für dich, wenn hier

um mein Gesicht Grabschwärze wäre? Fast
erschrak ich, da dus schriebst. Ich bin ja dein;
aber daß du an mir so Großes hast –?
So dürfte meine Hand dir deinen Wein

einschenken, meine bebende? O dann
träum ich nicht mehr vom Tod. Dann sieh mich an,
Geliebter, liebe mich, umgib mich ganz.

Sehr große Damen taten ihren Glanz
um solche Dinge ab. Ich aber werde
dem nahen Himmel fremd um deine Erde.

XXIV

Let the world's sharpness like a clasping knife
Shut in upon itself and do no harm
In this close hand of Love, now soft and warm,
And let us hear no sound of human strife

After the click of the shutting. Life to life –
I lean upon thee, Dear, without alarm,
And feel as safe as guarded by a charm
Against the stab of worldlings, who if rife

Are weak to injure. Very whitely still
The lilies of our lives may reassure
Their blossoms from their roots, accessible

Alone to heavenly dews that drop not fewer;
Growing straight, out of man's reach, on the hill.
God only, who made us rich, can make us poor.

XXIV

So wie ein scharfes Messer laß die Welt
zuspringen. Wenn der Liebe Hand sie hält,
so muß sie zu sein; wie sie in die Schale
einklappt, erklingt sie uns zum letzten Male

feindselig. All mein Sein, in Sicherheit
an deins gelehnt, ist wunderbar gefeit
gegen die Äußerlinge, deren Dolche
ohnmächtig sind. Wir haben eine solche

getroste Kraft in unserm Blütenstand,
daß sie den weißen Blüten unverwandt
zuredet aus der Wurzel: weiß zu bleiben,

auf ihrem Hügel still für sich zu treiben,
dem Tau nur offen, der nicht alle wird.
Nur Gott macht reich und arm, durch nichts beirrt.

XXV

A heavy heart, Beloved, have I borne
From year to year until I saw thy face,
And sorrow after sorrow took the place
Of all those natural joys as lightly worn

As the stringed pearls, each lifted in its turn
By a beating heart at dance-time. Hopes apace
Were changed to long despairs, till God's own grace
Could scarcely lift above the world forlorn

My heavy heart. Then *thou* didst bid me bring
And let it drop adown thy calmly great
Deep being! Fast it sinketh; as a thing

Which its own nature does precipitate,
While thine doth close above it, mediating
Betwixt the stars and the unaccomplished fate.

XXV

Ich trug ein schweres Herz von Jahr zu Jahr,
bis ich dein Antlitz sah, Geliebter. Mir
ward Schmerz, wo's anderen natürlich war
Freuden zu tragen, aufgereiht; und ihr

vom Tanzen rasches Herz hob Perle nach
Perle ins Licht. Zu trostlosem Erleben
schlug kurze Hoffnung um. Gott war zu schwach,
mein überladnes Herz hinauszuheben

über die bange Welt. Bis du mir riefst,
es zu versenken, wo du dich vertiefst
zu ruhigem Großsein. Durch die eigene Schwere

sinkt es in deine Tiefen, die wie Meere
sich drüber schließen, füllend alle Ferne
zwischen dem Schicksal und dem Stand der Sterne.

XXVI

I lived with visions for my company
Instead of men and women, years ago,
And found them gentle mates, nor thought do know
A sweeter music than they played to me.

But soon their trailing purple was not free
Of this world's dust, their lutes did silent grow,
And I myself grew faint and blind below
Their vanishing eyes. Then *thou* didst come – to be,

Beloved, what they seemed. Their shining fronts,
Their songs, their splendours, (better, yet the same,
As river-water hallowed into fonts)

Met in thee, and from out thee overcame
My soul with satisfaction of all wants:
Because God's gifts put man's best dreams to shame.

XXVI

Vor Jahren aber war mein Umgang sehr
unwirklich. Nicht zu Männern oder Frauen,
nur zu Gesichten hatte ich Vertrauen
und dachte nie an anderen Verkehr

und süßern Klang. Doch sie verstummen bald,
ihr langer Purpur hing in Staub hinein,
und meine kaum zu haltende Gestalt
verblich mit ihrem Blick. Du kamst, zu sein,

was jene schienen. Ihrer Stirnen Schimmer,
ihr Glanz und ihr Gesang (wie Wasser, das
Weihwasser wird, nur anders noch und mehr)

war so in dir, von dir aus mein Begehr
weit überfüllend. Wir erträumen was,
doch wenn Gott gibt, so übertrifft er immer.

XXVII

My own Beloved, who hast lifted me
From this drear flat of earth where I was thrown,
And, in betwixt the languid ringlets, blown
A life-breath, till the forehead hopefully

Shines out again, as all the angels see,
Before thy saving kiss! My own, my own,
Who camest to me when the world was gone,
And I who looked for only God, found *thee*!

I find thee; I am safe, and strong, and glad.
As one who stands in dewless asphodel,
Looks backward on the tedious time he had

In the upper life, – so I, with bosom-swell,
Make witness, here, between the good and bad,
That Love, as strong as Death, retrieves as well.

XXVII

Geliebter, Meiner, der mich sehr erschrocken
von dieser öden Erde Flachland hob
und der den Vorhang meiner matten Locken
mit einem Kusse auseinanderschob,

drin Leben wehte, – Engel wundern sich,
wie meine Stirne scheint. O Meiner, Meiner,
die ganze Welt verging, und es kam Einer,
ich suchte Gott allein, da fand ich dich.

Ich finde dich: getrost und stark und still.
Wie aus dem niebetauten Asphodill
einer zurücksieht auf die welke Zeit

der Oberwelt, so bin ich zwischen Bösen
und Guten schon zur Zeugenschaft bereit:
die Liebe kann – stark wie der Tod – erlösen.

XXVIII

My letters! all dead paper, mute and white!
And yet they seem alive and quivering
Against my tremulous hands which loose the string
And let them drop down on my knee to-night.

This said, – he wished to have me in his sight
Once, as a friend: this fixed a day in spring
To come and touch my hand ... a simple thing,
Yet I wept for it! – this, ... the paper's light ...

Said, *Dear I Love thee*; and I sank and quailed
As if God's future thundered on my past.
This said, *I am thine* – and so its ink has paled

With lying at my heart that beat too fast.
And this ... O Love, thy words have ill availed
If, what this said, I dared repeat at last!

XXVIII

Briefe, nun mein! Tot, bleich und lautlos dauernd!
Und doch wie meine Hand sie bebend heut
am Abend aufband: wunderlich erschauernd
und wie belebt in meinen Schoß gestreut.

In diesem wünscht er mich zum Freund. Und der
bestimmt, an dem ich ihm die Hand gereicht,
den Tag im Frühling ... Und ich weinte mehr
darum als nötig scheint. Und der, sehr leicht,

enthält: Ich liebe dich; und warf mich hin,
wie Gott mit Kommendem verwirft was war.
Und der sagt: Ich bin dein, – die Tinte drin

verblich an meines Herzens Drängen. Gar
erst dieser ... Lieber, du hast selbst verwirkt,
daß ich zu sagen wagte, was er birgt.

XXIX

I think of thee! – my thoughts do twine and bud
About thee, as wild vines, about a tree,
Put out broad leaves, and soon there's nought to see
Except the straggling green which hides the wood.

Yet, O my palm-tree, be it understood
I will not have my thoughts instead of thee
Who art dearer, better! Rather, instantly
Renew thy presence; as a strong tree should,

Rustle thy boughs and set thy trunk all bare,
And let these bands of greenery which insphere thee,
Drop heavily down, – burst, shattered, everywhere!

Because, in this deep joy to see and hear thee
And breathe within thy shadow a new air,
I do not think of thee – I am too near thee.

XXIX

Ich denk an dich. Wie wilder Wein den Baum
sprießend umringt, mit breiten Blättern hängen
um dich meine Gedanken, daß man kaum
den Stamm noch sieht unter dem grünen Drängen.

Und doch, mein Palmenbaum, will ich nicht sie,
diese Gedanken, sondern dich, der teurer
und besser ist. Du solltest ungeheurer
dich wieder zeigen, weithin rauschend, wie

es starke Bäume tun. Und dann laß da
das Grüne dieser kreisenden Lianen
abfallen, wo es schon zerrissen ist,

weil meine Freude im Dich-Sehn und -Ahnen,
in deinem Schatten atmend, ganz vergißt
an dich zu denken – ich bin dir zu nah.

XXX

I see thine image through my tears to-night,
And yet to-day I saw thee smiling. How
Refer the cause? – Beloved, is it thou
Or I, who makes me sad? The acolyte

Amid the chanted joy and thankful rite
May so fall flat, with pale insensate brow,
On the altar-stair. I hear thy voice and vow,
Perplexed, uncertain, since thou art out of sight,

As he, in his swooning ears, the choir's amen.
Beloved, dost thou love? or did I see all
The glory as I dreamed, and fainted when

Too vehement light dilated my ideal,
For my soul's eyes? Will that light come again,
As now these tears come – falling hot and real?

XXX

Ich seh dein Bild durch Tränen heute nacht
und war doch froh, da ich dich sah bei Tag.
Bist dus, Geliebter, der mich traurig macht?
Bin ich es selbst? Wer klärt das auf? So mag

der Akoluth unter Musik und Riten
hinfallen auf sein Angesicht verstört,
und wie er dann vom Chor das Amen hört,
unfähig, seinen Sinnen zu gebieten,

hör ich bestürzt und zweifelnd deinen Schwur,
wenn du nicht da bist. Liebst du? War es nur
in meinem Traum, wo diese Herrlichkeit

mich überwand, mein liebstes Traumbild weit
über mein Schaun erweiternd? Kehrt sie wieder
und fällt wie diese Tränen greifbar nieder?

XXXI

Thou comest! all is said without a word.
I sit beneath thy looks, as children do
In the noon-sun, with souls that tremble through
Their happy eyelids from an unaverred

Yet prodigal inward joy. Behold, I erred
In that last doubt! and yet I cannot rue
The sin most, but the occasion – that we two
Should for a moment stand unministered

By a mutual presence. Ah, keep near and close,
Thou dove-like help! and, when my fears would rise,
With thy broad heart serenely interpose:

Brood down with thy divine sufficiencies
These thoughts which tremble when bereft of those,
Like callow birds left desert to the skies.

XXXI

Du kommst. Und alles klärt sich ohne Wort.
Ich sitz in deinem Blick: in Mittagsonne
sitzen die Kinder so, und immerfort
bricht unerschöpflich unbewußte Wonne

aus ihren Lidern, welche zittern. Sieh,
mein letzter Zweifel irrte. Ich beweine
nur seinen Anlaß. Denn wir sollten nie
so auseinanderstehen, daß der eine

dem andern nicht mehr beisteht. Bleib ganz dicht,
Hilfreicher. Siehst du meine Angst sich heben,
so stelle hell dein breites Herz um sie.

Laß aus dem Himmel deiner Schwingen nicht
meine Gedanken; draußen sind sie wie
verlorne Vögel hilflos preisgegeben.

XXXII

The first time that the sun rose on thine oath
To love me, I looked forward to the moon
To slacken all those bonds which seemed too soon
And quickly tied to make a lasting troth.

Quick-loving hearts, I thought, may quickly loathe
And, looking on myself, I seemed not one
For such man's love! – more like an out-of-tune
Worn viol, a good singer would be wroth

To spoil his song with, and which, snatched in haste,
Is laid down at the first ill-sounding note.
I did not wrong myself so, but I placed

A wrong on *thee*. For perfect strains may float
'Neath master-hands, from instruments defaced, –
And great souls, at one stroke, may do and doat.

XXXII

Am ersten Tag in deiner Liebe sah
ich bang dem Mond entgegen, weil ich meinte,
er würde unaufhaltsam dieses da
auflösen, das zu rasch und früh Vereinte.

Wer rasch im Lieben ist, schätzt rasch gering,
und was mich selbst betraf: ich war kein Ding
für solchen Mannes Liebe. – Wer vermiede
nicht eine Geige, welche seinem Liede

nur Schaden tut: wer legte sie nicht hin
beim ersten Mißton? Ach, ich hatte recht
für mich und für mein Herz, doch nicht für deines.

Ist auch ein Instrument verbraucht und schlecht:
für einen Meister ist Musik darin, –
Handeln und Lieben ist den Großen eines.

XXXIII

Yes, call me by my pet-name! let me hear
The name I used to run at, when a child,
From innocent play, and leave the cowslips piled,
To glance up in some face that proved me dear

With the look of its eyes. I miss the clear
Fond voices which, being drawn and reconciled
Into the music of Heaven's undefiled,
Call me no longer. Silence on the bier,

While I call God – call God! – So let thy mouth
Be heir to those who are now exanimate.
Gather the north flowers to complete the south,

And catch the early love up in the late.
Yes, call me by that name, – and I, in truth,
With the same heart, will answer and not wait.

XXXIII

Nenn mich, wie sie als Kind mich riefen: ja.
Wie war das selig: diesem Namen nah sein;
vom Blumensuchen ließ ich dann und sah
in einem Angesicht mein ganzes Dasein

zärtlich gespiegelt. Wie vermiß ich sie,
diese geliebten Stimmen, die mich nie
mehr rufen, mit den Himmeln sich verklärend
seit jenem Schweigen auf der Bahre, während

mir zufiel, Gott zu rufen. – Deinen Mund,
laß ihn den Erben sein der Abgelebten.
Nimm kleine Blumen zu den südlich reichen

und frühe Liebe in die späte, und
dann ruf mich so; ich werde mit dem gleichen
Herzen dir Antwort geben, dem durchbebten.

XXXIV

With the same heart, I said, I'll answer thee
As those, when thou shalt call me by my name –
Lo, the vain promise! is the same, the same,
Perplexed and ruffled by life's strategy?

When called before, I told how hastily
I dropped my flowers or brake off from a game,
To run and answer with the smile that came
At play last moment, and went on with me

Through my obedience. When I answer now,
I drop a grave thought, break from solitude;
Yet still my heart goes to thee – ponder how –

Not as to a single good, but all my good!
Lay thy hand on it, best one, and allow
That no child's foot could run fast as this blood.

XXXIV

Versprach ich gleichen Herzens dir und ihnen
Antwort zu geben, angerufen –: Ach,
ist es das gleiche noch: bei diesem Dienen
im kriegerischen Leben nach und nach

verwildert? Früher ließ ich, wenn man rief,
die Blumen liegen und das Spiel und lief
antwortend mit dem Lächeln meines Spieles,
und selbst im hastigen Gehorchen fiel es

nicht von mir ab. Antwort ich jetzt, so reiße
ich aus Gedanken mich, die einsam sind.
Mein Herz geht hin zu dir nicht wie zu einem,

nein, wie zu allem, was ich Güte heiße;
leg deine Hand ihm auf. Es kann kein Kind
gelaufen kommen wie mein Blut zu deinem.

XXXV

If I leave all for thee, wilt thou exchange
And be all to me? Shall I never miss
Home-talk and blessing and the common kiss
That comes to each in turn, nor count it strange,

When I look up, to drop on a new range
Of walls and floors, another home than this?
Nay, wilt thou fill that place by me which is
Filled by dead eyes too tender to know change?

That's hardest. If to conquer love, has tried,
To conquer grief, tries more, as all things prove,
For grief indeed is love and grief beside.

Alas, I have grieved so I am hard to love.
Yet love me – wilt thou? Open thine heart wide,
And fold within, the wet wings of thy dove.

XXXV

Und wenn ich alles für dich lasse: kannst
du alles werden? Hab ich dir verglichen
Gespräch und Segen und den heimatlichen
für alle gleichen Abendkuß? Umspannst

du mich mit Fremdem? Soll in diesen Mauern
ich andere, verlaßne, nie betrauern?
Und hast du irgend zärtlichen Ersatz
für Augen Toter, die an ihrem Platz

festhalten? Besser ist es, Schmerzen mit
der Liebe zu erringen; denn der Schmerz
umfaßt sich selber und die Liebe, – beides.

Ach, ich bin schwer zu lieben: denn ich litt.
Willst du es trotzdem? So tu auf und leid es,
daß deine Taube flüchtet in dein Herz.

XXXVI

When we met first and loved, I did not build
Upon the event with marble. Could it mean
To last, a love set pendulous between
Sorrow and sorrow? Nay, I rather thrilled,

Distrusting every light that seemed to gild
The onward path, and feared to overlean
A finger even. And, though I have grown serene
And strong since then, I think that God has willed

A still renewable fear ... O love, O troth ...
Lest these enclasped hands should never hold,
This mutual kiss drop down between us both

As an unowned thing, once the lips being cold.
And Love, be false! if *he*, to keep one oath,
Must lose one joy, by his life's star foretold.

XXXVI

Da diese Liebe anfing, wars gewagt,
mit Marmor drauf zu bauen; denn sie hing
im Schwingen zwischen Schmerz und Schmerz. Ich ging,
als wäre mir die Zukunft untersagt,

mißtrauisch weiter als die schreckhaft Scheue,
die auch nicht einen Finger aufstützt. Wenn
ich jetzt auch ruhig bin und stark, – will denn
Gott nicht, daß meine Angst sich stets erneue . . .

O Liebe, – Treue . . . diese Angst: daß Hand
aus Hand sich löste, daß ein Kuß vom Rand
der Lippen fiele, kühl und ungenommen.

Sei, Liebe, Täuschung, die vorübergeht, –
kann deinetwegen etwas nicht mehr kommen,
was ihm als Freude in den Sternen steht.

XXXVII

Pardon, oh, pardon, that my soul should make
Of all that strong divineness which I know
For thine and thee, an image only so
Formed of the sand, and fit to shift and break.

It is that distant years which did not take
Thy sovranty, recoiling with a blow,
Have forced my swimming brain to undergo
Their doubt and dread, and blindly to forsake

Thy purity of likeness and distort
Thy worthiest love to a worthless counterfeit.
As if a shipwrecked Pagan, safe in port,

His guardian sea-god to commemorate,
Should set a sculptured porpoise, gills a-snort
And vibrant tail, within the temple-gate.

XXXVII

Verzeih, verzeih, daß meine Seele sich
vermaß, von all der Gnade, die du bist,
ein Bild zu machen, das so brüchig ist
und nichts als Sand und Sand. Es haben mich

die harten Jahre vor die Stirn geschlagen
(vergangne Jahre, die du nicht gekrönt)
und haben mein verwirrtes Hirn gewöhnt,
Zweifel und Angst so lange zu ertragen,

daß deiner Liebe köstlicher Kontur
ihm anders nicht gelingt als halbentstellt.
So kann ein Heide nach dem Schiffbruch nur

den Rettenden, den Herrn der Wogenwelt
sich formen als unförmlichen Delphin;
und so, am Tempeltor, verehrt er ihn.

XXXVIII

First time he kissed me, he but only kissed
The fingers of this hand wherewith I write;
And ever since, it grew more clean and white,
Slow to world-greetings, quick with its »Oh, list«,

When the angels speak. A ring of amethyst
I could not wear here, plainer to my sight,
Than that first kiss. The second passed in height
The first, and sought the forehead, and half missed,

Half falling on the hair. O beyond meed!
That was the chrism of love, which love's own crown,
With sanctifying sweetness, did precede.

The third upon my lips was folded down
In perfect, purple state; since when, indeed,
I have been proud and said, »My love, my own.«

XXXVIII

Sein erster Kuß berührte nur die Finger,
womit ich schreibe: wie sie seither leben
geweiht und weiß, unfähig zu geringer
Begrüßung, doch bereit, den Wink zu geben,

wenn Engel sprechen. Und es könnte nicht
ein Amethyst sichtbarer sein im Tragen
als dieser Kuß. Der zweite, zum Gesicht
aufsteigend, blieb, wo meine Haare lagen,

verloren liegen. Unwert der Verwöhnung,
empfing ich seine Salbung vor der Krönung.
Doch feierlich wie im Zeremonial

ward mir der dritte auf den Mund gelegt
in Purpur, und seitdem sag ich bewegt:
O mein Geliebter, – stolz mit einem Mal.

XXXIX

Because thou hast the power and own'st the grace
To look through and behind this mask of me,
(Against which, years have beat thus blanchingly
With their rains,) and behold my soul's true face,

The dim and weary witness of life's race, –
Because thou hast the faith and love to see,
Through that same soul's distracting lethargy,
The patient angel waiting for a place

In the new Heavens, – because nor sin nor woe,
Nor God's infliction, nor death's neighbourhood,
Nor all which others viewing, turn to go,

Nor all which makes me tired of all, self-viewed, –
Nothing repels thee, ... Dearest, teach me so
To pour out gratitude, as thou dost, good!

XXXIX

Weil du die Macht hast und die Gnade, hinter
die Maske hinzuschauen und durch sie
(die still verblich im Regen vieler Winter)
und meiner Seele Antlitz findest, wie

es dieses Lebens Wettlauf müd begleitet, –
weil du, vom Glauben liebevoll gcleitet,
auch noch durch dieser Seele Lethargie
hindurch den Engel siehst: geduldig, nie

an neuen Himmeln zweifelnd, – weil nicht leicht
Elend und Gottes Zorn und Nachbarschaft
des Todes und was sonst die andern schreckt

und was man, müde, in sich selbst endeckt, –
dich irgend abstößt: ... lehre mich die Kraft
zur Dankbarkeit, die deiner Güte gleicht.

XL

Oh, yes! they love through all this world of ours!
I will not gainsay love, called love forsooth:
I have heard love talked in my early youth,
And since, not so long back but that the flowers

Then gathered, smell still. Mussulmans and Giaours
Throw kerchiefs at a smile, and have no ruth
For any weeping. Polypheme's white tooth
Slips on the nut if, after frequent showers,

The shell is over-smooth, – and not so much
Will turn the thing called love, aside to hate
Or else to oblivion. But thou art not such

A lover, my Beloved! thou canst wait
Through sorrow and sickness, to bring souls to touch
And think it soon when others cry »Too late.«

O ja: die Liebe ist ringsum im Gange;
ich will nicht schmähen, denn sie lassens gelten.
Mir redete sie schon sehr früh nicht selten
und auch seitdem, – es ist noch nicht so lange,

daß ich den Duft nicht spürte. Moslemin
werfen ihr Tuch nach einem Lächeln, ohne
daß sie ein Weinen rührt. Dem Riesen schien
die nasse Nuß an seines Zahnes Krone

ein wenig abzugleiten: nicht so weit
hat sich die Liebe manchmal umgewendet
und ist schon Haß oder Vergessen. Freilich,

Geliebter, du liebst anders, nicht so eilig,
du wartest ab, daß Leid und Siechtum endet,
und hast für Seelen, die sich finden, Zeit.

XLI

I thank all who have loved me in their hearts,
With thanks and love from mine. Deep thanks to all
Who paused a little near the prison-wall
To hear my music in its louder parts

Ere they went onward, each one to the mart's
Or temple's occupation, beyond call.
But thou, who, in my voice's sink and fall
When the sob took it, thy divinest Art's

Own instrument didst drop down at thy foot
To harken what I said between my tears, ...
Instruct me how to thank thee! Oh, to shoot

My soul's full meaning into future years,
That *they* should lend it utterance, and salute
Love that endures, from Life that disappears!

Ich dank es allen, die mich liebten je
in ihrem Herzen – mit dem meinen. Dank
jedem, der stehn blieb, wenn ihm der Gesang
aus meinen Kerkermauern schön schien, eh

er über ihn hinaus dem Tagwerk zu
oder zum Tempel weiterging. Doch du,
der weil da meine Stimme schluchzend fiel,
um ihretwillen nur, ein Saitenspiel

von solcher Hoheit sinken ließ, um das
zu hören, was ich zwischen Tränen sage, . . .
lehr mich dir danken. In die fernsten Tage

ergösse gern sich meiner Seele Süße,
daß sie von dort, was ohne Unterlaß
vorüberfließt, mit ihrem Dauern grüße.

XLII

»My future will not copy fair my past« –
I wrote that once; and thinking at my side
My ministering life-angel justified
The word by his appealing look upcast

To the white throne of God, I turned at last,
And there, instead, saw thee, not unallied
To angels in thy soul! Then I, long tried
By natural ills, received the comfort fast,

While budding, at thy sight, my pilgrim's staff
Gave out green leaves with morning dews impearled.
I seek no copy now of life's first half:

Leave here the pages with long musing curled,
And write me new my future's epigraph,
New angel mine, unhoped for in the world!

Nicht eine Reinschrift von Gewesenem wird
mir meine Zukunft sein, so schrieb ich, glaubend,
der Engel stünde da, mir dies erlaubend
durch sein zu Gott unendlich unbeirrt

gewandtes Antlitz. Aber schließlich wandte
ich mich und fand an seiner Stelle dich,
der Umgang hat mit Engeln. Plötzlich wich
Siechtum von mir, da ich den Trost erkannte;

mein Pilgerstab schlug aus in deinem Blick
und stand in Morgentau. Und mein Geschick
wird künftig nicht des alten Abschrift werden:

laß das zerlesene Buch, das mich betrifft,
und schreib mir meiner Zukunft Überschrift,
mein neuer Engel, unverhofft auf Erden.

XLIII

How do I love thee? Let me count the ways.
I love thee to the depth and breadth and height
My soul can reach, when feeling out of sight
For the ends of Being and ideal Grace.

I love thee to the level of everyday's
Most quiet need, by sun and candlelight.
I love thee freely, as men strive for Right;
I love thee purely, as they turn from Praise.

I love thee with the passion put to use
In my old griefs, and with my childhood's faith.
I love thee with a love I seemed to lose

With my lost saints, – I love thee with the breath,
Smiles, tears, of all my life! – and, if God choose,
I shall but love thee better after death.

XLIII

Wie ich dich liebe? Laß mich zählen wie.
Ich liebe dich so tief, so hoch, so weit,
als meine Seele blindlings reicht, wenn sie
ihr Dasein abfühlt und die Ewigkeit.

Ich liebe dich bis zu dem stillsten Stand,
den jeder Tag erreicht im Lampenschein
oder in Sonne. Frei, im Recht, und rein
wie jene, die vom Ruhm sich abgewandt.

Mit aller Leidenschaft der Leidenszeit
und mit der Kindheit Kraft, die fort war, seit
ich meine Heiligen nicht mehr geliebt.

Mit allem Lächeln, aller Tränennot
und allem Atem. Und wenn Gott es gibt,
will ich dich besser lieben nach dem Tod.

XLIV

Beloved, thou hast brought me many flowers
Plucked in the garden, all the summer through
And winter, and it seemed as if they grew
In this close room, nor missed the sun and showers.

So, in the like name of that love of ours,
Take back these thoughts which here unfolded too,
And which on warm and cold days I withdrew
From my heart's ground. Indeed, those beds and bowers

Be overgrown with bitter weeds and rue,
And wait thy weeding; yet here's eglantine,
Here's ivy! – take them, as I used to do

Thy flowers, and keep them where they shall not pine.
Instruct thine eyes to keep their colours true,
And tell thy soul, their roots are left in mine.

XLIV

Du hast gewußt mir, mein Geliebter, immer
zu allen Zeiten Blumen herzulegen;
als brauchten sie nicht Sonne und nicht Regen,
gediehen sie in meinem engen Zimmer.

Nun laß mich dir unter dem gleichen Zeichen
die hier erwachsenen Gedanken reichen,
die ich in meines Herzens Jahreszeiten
aufzog und pflückte. In den Beeten streiten

Unkraut und Raute. Du hast viel zu jäten;
doch hier ist Efeu, hier sind wilde Rosen.
Nimm sie, wie ich die deinen nahm, als bäten

sie dich, in deine Augen sie zu schließen.
Und sage deiner Seele, daß die losen
in meiner Seele ihre Wurzeln ließen.

»How do I love thee? Let me count the ways.« Neben Shakespeares »Shall I compare thee to a Summer's day« ist dies einer der berühmtesten Verse englischer Sprache. Und ganz wie das vielbeschworene Idol Shakespeare in seinen Liebessonetten läßt sich auch die Dichterin, die hier spricht, hinreißen zu dem Versuch, das Gefühl für den Geliebten in Bildern zu beschreiben, die sich nicht mehr steigern oder gar übertreffen lassen: »Ich liebe dich so tief, so hoch, so weit, / als meine Seele blindlings reicht, wenn sie / ihr Dasein abfühlt und die Ewigkeit.«

Es ist dies das vorletzte von insgesamt 44 Gedichten, die erstmals 1850 unter dem Tarnnamen »Sonette aus dem Portugiesischen« im Rahmen eines umfangreicheren Gedichtbandes erschienen und seither den Ruhm ihrer Verfasserin wenn schon nicht begründet, so doch auf jeden Fall bewahrt haben. Denn sie sind das Dokument einer höchst ungewöhnlichen Verbindung, die bis heute die Gemüter zu bewegen vermag. Eine der bekanntesten Dichterinnen ihrer Zeit ist inzwischen weniger wegen ihres Werks als aufgrund ihres Lebens berühmt, und so findet man sie in den meisten Nachschlagewerken nicht unter ihrem Mädchennamen Barrett, sondern erst unter Browning, dem Namen ihres Manns Robert. Elizabeth Barrett und Robert Browning sind neben Sylvia Plath und Ted Hughes das wohl bekannteste Ehepaar der englischen Dichtung – wo deren Liebe ein tragisches Ende nahm, war es in ihrem Fall der schwierige Beginn, der die Literaturgeschichte überstrahlte.

Die Sonette waren das Brautgeschenk einer nicht nur im Kontext ihrer Zeit eigenwilligen Frau. Im Jahr ihrer Entstehung, 1846, war Elizabeth Barrett in England nicht nur eine weithin bekannte, sondern auch anerkannte Dichterin. Als mit William Wordsworth Mitte des Jahrhunderts der amtierende Hofdichter starb, wurde sie sogar als mögliche Nachfolgerin für den Posten des Poet laureate gehandelt. Trotz ihres Renommees zu Lebzeiten schwand ihr Ruhm mit dem ausgehenden Jahrhundert. So mußte Virginia Woolf 1932 feststellen, als sie »Flush« veröffentlichte, ihre von der Lektüre der Liebesbriefe der Brownings angeregte Biographie des Cockerspaniels von Elizabeth Barrett-Browning: »Das Schicksal hat es mit Mrs. Browning als Schriftstellerin nicht gut gemeint. Niemand liest mehr ihr Werk, niemand diskutiert es, niemand hat es auf sich genommen, sie an ihren rechtmäßigen Platz zu rücken.« Virginia Woolfs Band trug zur gewünschten Wiederentdeckung der dichtenden Hundehalterin zwar weniger bei als zum Ruhm der Verfasserin, doch ist »Flush« dank ihres Einsatzes noch immer der wahrscheinlich berühmteste Spaniel der englischen Literatur.

Die in diesem Band versammelten Gedichte sind Zeugnisse einer Liebe, wie sie unwahrscheinlicher und also moderner kaum sein könnte: eine nicht mehr junge, überdies stets kränkelnde Schriftstellerin, die sich aus gutem Grund nicht etwa über ihr Aussehen oder ihre gesellschaftliche Stellung, sondern ganz über ihren Intellekt definiert, die Ehe nicht nur mangels Gelegenheit, sondern auch aus Prinzip ablehnt und deren Herz einzig ihrem Hündchen gehört, erlebt sich vollständig überrumpelt von ihrer wilden Sehnsucht nach einem jüngeren Kollegen, der ihr erst in Worten und dann in dunkelgelockter, attraktiver Gestalt seine Aufwartung macht. Nach einiger Bockigkeit sowie vielen, gut begründeten Bedenken ihrerseits und steter, von ihrem Geziere völlig unbeeindruckter Liebesbeweise seinerseits willigt sie tatsächlich ein, ihn zu heiraten, das Entsetzen und den Verstoß von Vater und Brüdern zu schultern und mit Mann, Hund und Zofe nach Italien zu ziehen, um dort ein neues Leben zu beginnen.

Nun könnte aber selbst ein so hochromantischer biographischer Hintergrund keine Gedichte unsterblich machen, die nichts taugten. Daß die »Sonette aus dem Portugiesischen« sich auch anderthalb Jahrhunderte nach ihrer Entstehung noch großer Wertschätzung erfreuen, liegt an der sprachlichen Unmittelbarkeit und Unverbrauchtheit, mit der hier ein Gefühl erkundet wird – und dem Mißtrauen, das die skeptisch veranlagte Dichterin selbst dagegen hegt. Es ist keine verklärte, munter drauflosliebende Jungmädchenschwärmerei, die hier beschworen wird, sondern eine zunächst von Klugheit, Erfahrung und Selbstzweifeln gebremste, erst allmählich über alle Bedenken sich hinwegsetzende Liebe, die nicht in der rauschhaften sinnlichen Verliebtheit ihre Erfüllung sucht, sondern im seelenvollen geistigen Austausch unter Ebenbürtigen. Diese gedanklich rigorose, emotional beschwichtigte Haltung findet ihre Entsprechung in einer fast zwanglosen Diktion, die das Gegenüber oft direkt anspricht, um immer wieder mit fast selbstquälerischer Offenheit wie in einem Brief von der eigenen Situation zu berichten. Diese lebhaften Wechsel in Stimmung und Ausdruck betonen den höchst persönlichen Charakter der Gedichte und machen zugleich die Höhen und Tiefen der Liebe exemplarisch nachvollziehbar. Bei aller Bewunderung des Geliebten fehlt Elizabeth Barretts Versen die unterwürfig-anbetende Geste des lyrischen Minnesangs zum Glück fast ganz: Daß der Mann, der diese existentielle Wandlung in ihr hervorgerufen hat, einzigartig sein muß, versteht sich von selbst, und so fragt die Dichterin sich eher, ob sie ihn auch nach der Eroberung noch wird fesseln können. Das uralte Spiel zwischen größtmöglicher Nähe und gesunder Distanz, gewährter Erfüllung und bewahrter Begierde wird von ihr nicht nur mit heißem Herzen, sondern auch mit kühlem, noch dazu belesenem Kopf gewagt: sicheres Mittel gegen die platte Vorgestanztheit, die so manche Liebeslyrik für den ironisch abgefederten Leser der Post-Postmoderne atmet.

Die ungeheuerliche Wandlung, welche die Gedichte dokumentieren, läßt sich erst durch einen Blick auf Elizabeth Barrett-Brownings Leben richtig verstehen. Es war die rasante Entwicklung eines hochbegabten, robusten Mädchens in eine frühzeitig gebrechliche Jungfer, die ihr Leben in ihrem Zimmer über Büchern verbrachte, bis sie mit fast vierzig Jahren ihrer großen Liebe begegnete. Sie heiratete Robert Browning gegen den Willen und ohne das Wissen des tyrannischen Vaters und floh mit ihm nach Florenz. Das Paar bekam trotz des fortgeschrittenen Alters der Braut einen Sohn, Robert Wiedemann »Pen« Browning, und verbrachte Seite an Seite fünfzehn glückliche, höchst produktive Jahre, bevor Elizabeth Barrett-Browning am 29. Juni 1861 in den Armen ihres Mannes starb.

Romantischer konnten sich auch begeisterte Byron-Leser eine Liebesgeschichte nicht ausmalen, geschweige denn die viktorianischen Zeitgenossen.

Der wache, in Liebesbelangen zunächst fremdelnde Intellekt dieser Frau, die ihr Schicksal stets mit der Literatur verband und in Dichtung überführte, zeigt sich in den Sonetten schon früh, lange bevor sich das Gefühl seine verbale Bahn bricht: Die Erkundungen des Zwiegesprächs, das hier stattfindet, sind ebenso intellektueller wie emotionaler Natur. Die Sonette begleiten den Verlauf der Beziehung bis zur Heirat. Am Anfang steht das zögernde Erkennen des eigenen Gefühls, das den Angebeteten auf ein Podest stellt und dadurch die Möglichkeit der Verbindung fast selbst zu zerstören scheint: »Du bist da droben im Palast begehrt / erlauchter Sänger lauterer Gedichte ... Und meine Grille zirpt gegen deine Mandoline. Stille.« Dieser Bescheidenheitsgestus der Ungleichheit nimmt ab, je stärker und selbstsicherer das Gefühl wird, das sich von der vertrauten Umgebung löst und nun zusehends eine Antwort fordert: »Heimat, Himmel schwanden fern, // nur wo du bist, entsteht ein Ort.« Unwillkürlich schleichen sich aber auch Zweifel weniger an den eigenen Gefühlen als an der Ernsthaftigkeit ihrer Erwiderung ein – und schon werden Forderungen gestellt: »Wenn du mich lieben mußt, so soll es nur / der Liebe wegen sein. Sag nicht im stillen: / ›Ich liebe sie um ihres Lächelns willen‹.« Dieser Ur-Wunsch, sich ganz um seiner selbst willen geliebt und angenommen zu fühlen, hatte für Elizabeth Barrett-Browning, die sich im Kreis der innig verbundenen Geschwister stets aufgehoben wußte, eine besondere Bedeutung. Sie wollte, daß ihr Geliebter verstünde, was sie für ihn aufzugeben bereit war. Denn allmählich wuchs das Vertrauen in die fühlende Beständigkeit ihres Gegenübers bis hin zur Gewißheit, mit der die gegenseitige Liebe rückhaltlos gefeiert wird: »Geliebter, du liebst anders, nicht so eilig / du wartest ab, daß Leid und Siechtum endet, / und hast für Seelen, die sich finden, Zeit.« Sie ist voller Dankbarkeit für die Geduld, mit der Robert Browning darauf wartet, daß sie sich ganz für ihn entscheidet. Und so ähnelt der Zyklus einem Duett, dessen zweite Stimme man als Echo oftmals zu vernehmen meint, und das manchmal unversehens in einen verliebten Sängerwettstreit übergeht, in dem sich die Beteiligten mit Liebesworten zu übertreffen suchen: »Und willst du, daß die Liebe, diese, meine, / sich eine Sprache schaffe ...«. Denn auch wenn die Gestalt des Geliebten vage bleibt, er mal als »Überwinder«, mal als »fürstlicher Geber« gefeiert wird, ist doch klar, um was für eine Art Mann es sich bei »mein Dichter« handelt, dessen Wort »alle Macht« besitzt, »zu rühren an Gottes äußersten und letzten Kreis«.

Es war diese Art hingerissenen Lobs, die das Paar erstmals zusammenführte und die somit auch dafür sorgte, daß sich Elizabeth Barrett-Brownings gelehrter Ton ekstatisch auflockerte – und sie so zu einer Sprache finden ließ, die neben Emily Dickinson und Virginia Woolf zahlreiche Dichterinnen inspirieren sollte.

Elizabeth Barrett, geboren am 6. März 1806, wuchs im verwunschenen Landhaus Hope End in der Grafschaft Herefordshire auf. Als Mädchen war ihr die Schulbildung verwehrt, die ihre Brüder genossen, denen sie beim Griechischstudium eifrig über die Schulter schaute. Nach dem Tod der Mutter hätte sie sich als Älteste von zwölf Geschwistern eigentlich um die jüngeren kümmern müssen, doch ihre schwächliche Konstitution, die in starkem Gegensatz zu ihrem lebhaften, unermüdlichen geistigen Naturell stand, verhinderte dies. Elizabeth war ihr eigener Lehrmeister. Als sie gerade vierzehn Jahre alt war, ließ die Familie ihr erstes Werk, »The Battle of Marathon«, ein episches Langgedicht in der Manier Alexander Popes, in einer Auflage von fünfzig Exemplaren privat drucken. Dies trug ihr die Zuschriften einiger beeindruckter Leser ein, die sie mit Feuereifer beantwortete. Ansonsten genügte ihr der Umgang innerhalb der Familie als gesellschaftlicher Auslauf vollkommen. Was ihre Korrespondenz angeht, so vermochte sie dafür wesentlich ältere, gelehrte Partner aufzutun, von denen sie zu lernen hoffte. So bettelte sie Adressaten wie Hugh Stuart Boyd oder später John Kenyon geradezu an, von ihnen kritisiert zu werden. Wollten die neugierig gewordenen Brieffreunde sie jedoch einmal persönlich treffen, wich sie einer solchen Begegnung stets ängstlich aus, schob ihre fragile Gesundheit vor oder verzögerte den Zeitpunkt des Treffens ins Unendliche.

1835 war die Familie nach London gezogen, wo Elizabeth sich die Welt weiterhin in Buchform ins Zimmer holte, ohne je das Haus zu verlassen, außer zu gelegentlichen Erholungsaufenthalten an der See. Mit fünfzehn Jahren, so will es die Legende, hatte sie sich bei einem Reitunfall schwer verletzt und erkrankte noch im selben Jahr an Tuberkulose: Beide Befunde konnten Biographen bis heute nicht belegen. Sicher jedoch ist, daß Elizabeth von der Pubertät an von ständigem Husten geplagt wurde und zur Beruhigung schon früh recht hohe Dosen an Opium und manchmal auch Laudanum verschrieben bekam. Ihre gierige Lektüre der Dichter ihrer Zeit – Byron natürlich, aber sie verehrte auch Wordsworth und Tennyson – schlug sich ebenso in ihrem Schreiben nieder wie ihr Studium griechischer Texte, die sie ins Englische übertrug. Überhaupt fühlte sie sich den Toten meist näher als den Lebenden. 1844 schreibt sie einem Freund: »all meine irdische Zukunft als ein Individuum liegt in der Poesie. In jeder anderen Hinsicht ist das Spiel längst aus. Aber Poesie ... bleibt ... als wäre da ein Wille, geschrieben zu werden ...«

Zu ihren Idolen gehörte aber auch der sechs Jahre jüngere Dichter Robert Browning, den sie mittels eines großen öffentlichen Kompliments geradezu zwang, ihr seine Aufwartung zu machen. Im August 1844 hatte Elizabeth Barrett einen Gedichtband veröffentlicht, der positiv aufgenommen wurde, wobei die kürzeren Gedichte den größten Beifall erhielten, auch wenn die Rezensenten sich mit ihren eigenwilligen Reimen schwertaten. Die Ballade »Lady Geraldine's Courtship« erwies sich als Lieblingsgedicht der Leser. Lady Geraldine heiratet einen armen Dichter niederen Standes und setzt sich damit über die Erwartungen der Gesellschaft ebenso hinweg wie über die des Geliebten, der schon an der Unmöglichkeit ihrer Liebe verzweifeln will. Einmal jedoch liest er seiner geliebten Lady zeitgenössische Dichtung vor, darunter Passagen von Wordsworth, Tennyson und Browning. Die Verfasserin wollte sich mit dieser kleinen Hommage vor denen verneigen, die sie als »göttergleich« verehrte. Ihr war bewußt, daß die drei derart ausgezeichneten Dichter von dieser Ehrerbietung hören würden; Wordsworth hatte sie sogar selbst ein Exemplar des Buches geschickt.

Im Januar 1845 erhielt sie einen artigen, überschwenglichen Dankesbrief Robert Brownings, dem viele weitere Briefe folgten. Fünf Monate später begegneten sie sich zum ersten Mal leibhaftig – ein Treffen, das Elizabeth in bewährter Manier energisch, doch vergeblich zu vermeiden versucht hatte. Sie war nicht nur geschmeichelt, sondern aufrichtig glücklich über die Freundschaft, die sich in ihrem Briefwechsel entwickelt hatte, weil sie in Browning endlich einen Dichter gefunden zu haben glaubte, dessen poetischer Furor und intellektuelle Neugier ihren eigenen entsprachen. Sie hoffte, von ihm zu lernen, und fürchtete zugleich, ihr Anblick könne ihn so verstören, daß die Freundschaft dadurch Schaden nehmen würde. In der Tat dürfte seine Vorstellung einer Invaliden, die ihre Tage im Bett und auf der Chaiselongue verbrachte und nur wenige Schritte allein gehen konnte, schwer in Übereinstimmung zu bringen gewesen sein mit den temperamentvollen, leidenschaftlichen, fast wilden Gedichten, die seine Brieffreundin verfaßte. Doch Elizabeth Barrett hatte ihr Gegenüber unterschätzt.

Als Browning schließlich Erlaubnis erhielt, sie am 7. Mai 1845 für eine Stunde zu besuchen, war er der erste männliche Besucher seit Jahren. Sie hatte gezetert, abgewiegelt und sich noch kränker gemacht, als sie war. Doch das Treffen war ein Erfolg. Er war von ihrem gebrechlichen Zustand keineswegs so abgeschreckt, wie sie befürchtet hatte, und so durfte er weiterhin kommen, als Tutor und Mentor. Gemeinsam arbeiteten sie an ihrer »Prometheus«-Übersetzung, er gewährte ihr Leseproben seines Langgedichts »Flight of the Duchess«, das sie nicht hoch genug preisen konnte. Man sah sich einmal die Woche und wechselte in der Zeit dazwischen drei bis vier Briefe. Als erfreuliche, in psychosomatischer Hinsicht nicht ganz überraschende Nebenwirkung verbesserte sich Elizabeths Zustand erheblich; nach nur wenigen Monaten unternahm sie Ausflüge in den Regent's Park und kletterte schon bald ohne Hilfe aus ihrer Kutsche, um spazierenzugehen. Im August erklärte Robert ihr seine Liebe, und wenngleich sie sich »unwürdig« vorkam als Objekt seiner Begierde, blieb doch kein Zweifel daran, daß sie seine Gefühle erwiderte. Stärker als alle Freude aber war die Furcht vor dem unerbittlichen Vater, der niemals seine Zustimmung zu dieser – oder irgendeiner anderen – Verbindung seiner ältesten Tochter gegeben hätte.

So genau die Umstände dieses Werbens aus den mehr als sechshundert Briefen bekannt sind, die das Paar bis zu seiner heimlichen Hochzeit am 12. September 1846 wechselte, so schlecht läßt sich sagen, wann genau Elizabeth mit der Arbeit an den Sonetten begann. Sie führte zu diesem Zeitpunkt kein Tagebuch, und vor ihren wenigen Freunden hielt sie die wahre Natur ihrer Beziehung zu Robert Browning geheim. Diesem wiederum erzählte sie trotz der täglichen Briefwechsel und wöchentlichen Besuche nichts von den Sonetten; selbst als das Paar schon über Le Havre und Paris auf dem Weg nach Italien war, verriet sie ihm nicht, was sich in jenem Paket befand, das sie mit sich führte. Erst drei Jahre nach Fertigstellung, als das häusliche Glück in der *Casa Guidi* in Florenz perfekt schien und Browning einem Freund schrieb: »Wir sind so glücklich wie zwei Eulen in ihrem Loch, oder zwei Kröten unter einem Baumstumpf«, durfte ihr Mann die Gedichte endlich lesen; er war es auch, der auf ihrer Veröffentlichung bestand.

Liest man die 44 Sonette der Reihe nach, ergibt sich daraus ein getreues Bild dieser Liebesgeschichte von den Anfängen bis zur Hochzeit gut ein Jahr später: Nach den widerstrebenden Zweifeln, mit denen Elizabeth Barrett-Browning die eigene Schwäche, ihre krankheitsbedingte Isolation und den gestrengen Vater als schier unüberwindliche Hindernisse für die Verbindung anführt, wächst allmählich das Vertrauen in die Gefühle des geliebten Mannes bis hin zur dankbaren Annahme der Liebe und schließlich dem zuversichtlichen Glauben an eine gemeinsame Zukunft. Die Gedichte zeigen aber auch die Diskrepanz zwischen dieser auf dem Papier selbstbewußten, geistreichen und eigenwilligen Dichterin und der zarten, anfälligen und hilflosen Frau, als die sie sich jenseits des Schreibtischs entpuppte. Der Zyklus ist aber nicht nur Zeuge eines tiefen Gefühls, sondern auch der immensen Vielseitigkeit der Autorin, die nicht nur Bilder aus ihrer umfangreichen Lektüre schöpft, sondern auch aus Religion und Natur. Diese poetische Überhöhung der eigenen Erfahrung wird gemildert durch eine direkte, fast alltägliche Sprache, die den Leser in die dramatische Entwicklung miteinbezieht.

Selbst als die Gedichte auf Drängen Brownings hin schließlich erstmals erschienen, tat Elizabeth alles, um von ihrem intimen autobiographischen Kern abzulenken. Durch den Titel »Sonnetts from the Portuguese« sollte der Eindruck erweckt werden, es handle sich um eine Übertragung von Liebesgedichten an den portugiesischen Dichter Camões aus dem sechzehnten Jahrhundert. Doch selbst hinter dieser Maskierung verbarg sich eine Intimität: Robert Browning verglich seine Frau gern mit dem portugiesischen Mädchen aus ihrem Gedicht »Catarina to Camoëns«.

Und wieder waren es weniger ihre langen, erzählenden Gedichte, die Aufmerksamkeit fanden, als vielmehr die Liebessonette. Rainer Maria Rilke entzückten sie Jahrzehnte später so sehr, daß er den Zyklus 1908 ins Deutsche übersetzte und damit ein eigenes Kunstwerk schuf. Dabei unterteilte er die einzelnen Gedichte in Strophen, um ihren Sonettcharakter noch zu verstärken; im englischen Original sind die Verse kompakt.

Die Beziehung der Brownings war von Ebenbürtigkeit und großer gegenseitiger Wertschätzung geprägt; so lobte Elizabeth ihren Mann regelmäßig dafür, daß er sie nicht »wie eine Frau« behandle, also niemals auf sie herabsah. Ihre tiefe Verehrung für das Werk ihres Mannes, in dem sie einen der größten Dichter ihrer Zeit erkannte, kommt in den Sonetten klar zum Ausdruck: In dieser Hinsicht war sie den Zeitgenossen voraus, die sie für die größere der beiden Dichter hielten. Während ihrer Ehe war Elizabeth Barrett-Browning fraglos die erfolgreichere, auch wenn ihre progressive soziale Auffassung und gewagten sprachlichen Experimente für Kopfschütteln sorgten, zumal als 1851 der Band »Casa Guidi Windows« über die italienische Befreiung erschien und 1857 ihr Opus magnum, das epische Langpoem »Aurora Leigh«. Die Umkehrung dieser öffentlichen Wertschätzung erlebte sie nicht mehr, auch nicht den großen Erfolg ihres Mannes, dessen Band »Men and Women« (1855) nicht gleich auf die verdiente Resonanz gestoßen war, mit »Dramatis Personae« (1864) und schließlich »The Ring and the Book« (1868-9). Robert Brownings letztes Werk, »Asolando«, erschien am 12. Dezember 1889, seinem Todestag. Während Elizabeth Barrett-Browning auf dem Protestantischen Friedhof in Florenz beerdigt wurde, liegt Robert Browning in der Abtei von Westminster. Lesend jedoch sollte man das Paar wieder zusammenführen.

Felicitas von Lovenberg

Alphabetisches Verzeichnis
der Gedichtüberschriften und -anfänge

Inhalt

Zu dieser Ausgabe

insel taschenbuch 3187: Elizabeth Barrett-Browning, Liebesgedichte. Der Text folgt dem Insel-Bücherei-Band Nr. 252: Elizabeth Barrett-Browning, Sonnets from the Portuguese. Sonnette aus dem Portugiesischen. Übertragen von Rainer Maria Rilke. Insel-Verlag Leipzig 1959. 12. Auflage Insel Verlag Frankfurt am Main und Leipzig 1994. Das Nachwort von Felicitas von Lovenberg wurde für die vorliegende Ausgabe verfaßt. Umschlagabbildung: Dante Gabriel Rossetti, The Bower Meadow. Ausschnitt.

Die schönsten Liebesgedichte
im insel taschenbuch

Anna Achmatowa
Liebesgedichte
Ausgewählt von Olaf Irlenkäuser
Übertragen von Alexander Nitzberg
it 2946. 120 Seiten

Bertolt Brecht
Liebesgedichte
Ausgewählt von Werner Hecht
it 2824. 127 Seiten

Paul Celan
Liebesgedichte
Ausgewählt von Joachim Seng
it 2945. 128 Seiten

Annette von Droste-Hülshoff
Liebesgedichte
Ausgewählt von Werner Fritsch
it 2876. 136 Seiten

Joseph von Eichendorff
Liebesgedichte
Ausgewählt von Wilfrid Lutz
it 2821. 113 Seiten

Johann Wolfgang Goethe
Liebesgedichte
Ausgewählt von Karl Eibl
it 2825. 108 Seiten

NF 69/3/4.05

Die schönsten Liebesgedichte
Ausgewählt von Günter Berg
it 2827. 128 Seiten

Die schönsten Liebesgedichte
Ausgewählt von Sigrid Damm
it 1872. 176 Seiten

Liebesgedichte an Frauen
Ausgewählt von Gesine Dammel
Gebundene Ausgabe
it 2930. 176 Seiten

Liebesgedichte von Frauen
Ausgewählt von Heike Ochs
Gebundene Ausgabe
it 2929. 176 Seiten

Englische und amerikanische Literatur
im insel taschenbuch
Eine Auswahl

Jane Austen
- Die Abtei von Northanger. Übersetzt von Margarete
  Rauchenberger. Mit Illustrationen von Hugh Thomson.
  it 931. 254 Seiten
- Anne Elliot. Übersetzt von Margarete Rauchenberger.
  Illustrationen von Hugh Thomson. it 1062. 279 Seiten
- Lady Susan. Ein Roman in Briefen. Übersetzt von Ange-
  lika Beck. it 1192. 253 Seiten
  Die drei Schwestern. Jugendwerke. Herausgegeben und
  übersetzt von Melanie Walz. it 2698. 320 Seiten
- Emma. Übersetzt von Angelika Beck.
  it 511 und it 1969. 549 Seiten
- Mansfield Park. Übersetzt von Angelika Beck. Mit Illustra-
  tionen von Hugh Thomson. it 1503. 579 Seiten
- Stolz und Vorurteil. Übersetzt von Margarete Rauchenber-
  ger. Mit Illustrationen von Hugh Thomson und mit einem
  Essay von Norbert Kohl. it 787. 439 Seiten
- Verstand und Gefühl. Übersetzt von Angelika Beck. Mit
  Illustrationen von Hugh Thomson. it 1615. 449 Seiten

Anne Brontë
- Agnes Grey. Übersetzt von Elisabeth Arx. it 1093. 276 Seiten
- Die Herrin von Wildfell Hall. Roman. Übersetzt von
  Angelika Beck. it 1547. 654 Seiten

Charlotte Brontë
- Jane Eyre. Eine Autobiographie. Übersetzt von Helmut
  Kossodo. Mit einem Essay und einer Bibliographie heraus-
  gegeben von Norbert Kohl. it 813 und it 3008. 645 Seiten
- Der Professor. Übersetzt von Gottfried Röckelein.
  it 1354. 373 Seiten
- Shirley. Übersetzt von Johannes Reiher und Horst Wolf.
  it 1145 Seiten. 715 Seiten

- Über die Liebe. Herausgegeben von Elsemarie Maletzke. Übertragen von Eva Groepler und Hans J. Schütz. it 1249. 80 Seiten
- Villette. Übersetzt von Christiane Agricola. it 1447. 777 Seiten

Emily Brontë
- Die Sturmhöhe. Übersetzt von Grete Rambach. it 141. 363 Seiten

Lewis Carroll
- Alice hinter den Spiegeln. Übersetzt von Christian Enzensberger. Mit Illustrationen von John Tenniel. it 97. 145 Seiten
- Alice im Wunderland. Übersetzt von Christian Enzensberger. Mit Illustrationen von John Tenniel. it 42. 138 Seiten
- Briefe an kleine Mädchen. Herausgegeben und übersetzt von Klaus Reichert. Mit zahlreichen Fotografien des Autors. it 1554. 208 Seiten
- Tagebuch einer Reise nach Rußland im Jahr 1867. Übersetzt von Eleonore Frey. Herausgegeben von Felix Philipp Ingold. it 2589. 132 Seiten

Geoffrey Chaucer
- Die Canterbury-Erzählungen. Übersetzt und herausgegeben von Martin Lehnert. it 1006. 786 Seiten
- Troilus und Criseyde. Übersetzt von Wolfgang Obst und Florian Schleburg. it 2648. 304 Seiten

Kate Chopin
- Das Erwachen. Roman. Übersetzt von Ingrid Rein. it 2149. 222 Seiten

Daniel Defoe
- Glück und Unglück der berühmten Moll Flanders. Übersetzt von Martha Erler. Mit Illustrationen von William Hogarth und einem Essay von Norbert Kohl. it 707. 440 Seiten

Nathaniel Hawthorne
- Der scharlachrote Buchstabe. Roman. Übersetzt von Barbara
  Cramer-Neuhaus. it 2993. 320 Seiten

Henry James
- Bildnis einer Dame. Roman. Übersetzt von Hildegard
  Blomeyer. Mit einem Nachwort von Henry James, über-
  setzt von Helmut M. Braem. it 2974. 800 Seiten
- Daisy Miller. Eine Erzählung. Übersetzt von Gottfried
  Röckelein. it 2714. 120 Seiten
- Das Geheimnis von Bly. Roman. Übersetzt von Ingrid
  Rein. it 2847. 174 Seiten

D. H. Lawrence
- Liebesgeschichten. Übersetzt von Heide Steiner.
  it 1678. 308 Seiten

Katherine Mansfield
- Das Gartenfest und andere Erzählungen. Übersetzt von
  Heide Steiner. it 1724. 232 Seiten

Herman Melville
- Bartleby, der Schreiber. Eine Geschichte aus der Wall-Street.
  Übersetzt und mit Erläuterungen versehen von Jürgen
  Krug. it 3034. 112 Seiten
- Israel Potter. Seine fünfzig Jahre im Exil. Roman. Übersetzt
  von Uwe Johnson. it 2836. 256 Seiten
- Moby Dick. Übersetzt von Alice und Hans Seiffert. Mit
  einem Nachwort von Rudolf Sühnel. it 233. 781 Seiten

Edgar Allan Poe
- Sämtliche Erzählungen. Herausgegeben von Günter
  Gentsch. Vier Bände in Kassette. it 1528-1531. 1568 Seiten
- Der Bericht des Arthur Gordon Pym. Übersetzt von
  Ruprecht Willnow. it 1449. 270 Seiten